V Certamen Bienal Internacional de Poesía San Juan de la Cruz
Academia de Juglares de Fontiveros

Un jurado reunido en Fontiveros (Ávila) el 13 de diciembre de 2025, víspera de la festividad de san Juan de la Cruz, presidido por el alcalde de Fontiveros, David Sánchez Tenrero, e integrado por los poetas José María Muñoz Quirós, Amalia Iglesias, José Pulido, Antonio Colinas y Carlos Aganzo, concedió por unanimidad a la obra *Como si hubiera muerto una niña,* de Pedro Flores, el V Premio Internacional de Poesía San Juan de la Cruz · Academia de Juglares de Fontiveros.

Solar de Poesía
Villa de Fontiveros

Como Si Hubiera
Muerto una Niña

Primera edición en LOS VERSOS DE CORDELIA, abril de 2026

Edita: Reino de Cordelia
www.reinodecordelia.es
X ◙ @reinodecordelia f facebook.com/reinodecordelia
▶ www.youtube.com/c/ReinodeCordelia01

Derechos exclusivos de esta edición en lengua española
© Reino de Cordelia, S.L.
C/Agustín de Betancourt, 25 - 6º pta. 13
28003 Madrid

El papel utilizado para la impresión de este libro, fabricado a partir de madera procedente de bosques y plantaciones sostenibles, es cien por cien libre de cloro y está calificado como papel reciclable

© Pedro Flores, 2026

Cubierta: Detalle de *Niña durmiendo* (1893), de Nikolái Kuznetsov
Ilustración de portadilla: *Niña durmiendo* (1905), de Francine Charderon

   Este Premio de Poesía ha sido convocado y organizado por el Ayuntamiento de Fontiveros

IBIC: DCF | Thema: DCF
ISBN: 979-13-87599-48-5
Depósito legal: M-77880-2026

Diseño y maquetación: Jesús Egido
Corrección de pruebas: Pepa Rebollo

Imprime: Técnica Digital Press
Impreso en la Unión Europea
Printed in E. U.
Encuadernación: Felipe Méndez

Como Si Hubiera Muerto una Niña

Pedro Flores

Índice

9

Si hubieras sido niña rodeada
por todas partes, ay, de soledad,
yo te habría buscado hasta encontrarnos,
hasta ponernos los dos a llorar.

CARLOS SAHAGÚN
Como si hubiera muerto un niño

Escribir poemas
es hablarle a un perro

Porque un perro no entendería un poema de Carlos Sahagún,
aunque un poema no tiene que ser entendido;
un poema ha de subyugar.

Porque un perro no puede ser subyugado por un poema,
ni de Carlos Sahagún ni de nadie; un perro escucharía un poema
como escucharía recitar los nombres de los colores
del catálogo de pinturas en la voz de quien espera una hija.

El llanto de una hija no tiene que ser entendido,
el llanto de una hija subyuga, como un buen poema.

Un perro puede ser subyugado, quizás, por el tono de un poema,
por las inflexiones y la disposición de las sílabas agudas,

por la voz de su amo; también una niña
puede interrumpir de pronto su llanto
ante la impotencia o la ternura depositada en una sílaba.

Pero pronto vuelven el perro a su pelambre, la niña a su llanto;
el tono de un poema no detiene el mundo para siempre.

El perro tiene prohibido entrar a la habitación recién pintada.

La poesía no debe entender el llanto de una niña;
ha de incorporar a sus sílabas su insomnio y sus lágrimas.

El perro es quien mejor entiende el espacio entre un verso
y otro, quien mejor entiende el repentino silencio de una casa.

La poesía es lo que tiene una niña muerta para subyugarnos.

Malva Marina Trinidad Reyes Hagenaar cumple ocho años

Niñita de Madrid, Malva Marina,
no quiero darte flor ni caracola

FEDERICO GARCÍA LORCA

ELLA SOPLA las ocho velas de una en una,
como quien deshoja una flor, como
quien deshoja con el aliento una flor ardiente.

Papá me quiere.
Papá no me quiere.

Una flor porque no se puede deshojar una caracola,
ni siquiera en poesía se puede deshojar una caracola,
se puede deshojar la memoria, un paraguas,
pero la poesía no puede deshojar una caracola.

Malva Marina sopla y sueña que cada pequeña llama es un pétalo.
Eso sí puede decirlo la poesía.

Papá me quiere.
Papá no me quiere.

Ella casi se quema los labios de tan cerca que sopla cada pétalo.

Papá me quiere.
Papá no me quiere.

Podría apagar los ocho tentáculos de esa flor,
los ocho pétalos de ese octópodo, con el presentimiento
del mar que ruge en su cabeza, pero prefiere quemarse la lengua.

Papá me quiere.
Papá no me quiere.

Pone la boca en el fuego. Cada una
de las ocho pequeñas ascuas es una flor quemada,
los escombros humeantes de una pena o de un deseo.
Eso sí puede decirlo, sin quemarse, la poesía

Fantasma de niña sin casa al fondo

Junto a la puerta de la casa en ruinas
tengo sed, madre, y traigo
despeñadas mil noches largas sobre mi pecho.

CARLOS SAHAGÚN

A QUÉ CASA vas a volver ahora, porque la casa ya no existe.
¿Cómo hace un fantasma, aunque sea el fantasma de una niña,
para cerrar de golpe puertas que no están, para volcar los retratos,
para dejar flotando en la salita donde la familia veía la tele en chanclas
el inconfundible aroma de su aliento de regaliz, de su pelo sucio?

Qué pena da un fantasma, sobre todo si es el fantasma de una niña,
ululando por los versos de un poema de Eliot, quiero decir, por un baldío,
abriendo puertas y volcando retratos que ya no existen,
malgastando su conmovedor aroma entre los escombros y el cielo.

Las niñas de Nagasaki

Tener que venir a Nagasaki para entenderlo.
Todo ocurre porque llueve.

SERGIO GARCÍA ZAMORA

LA BOMBA tenía que haber caído en otra parte.
Pero Tokio era demasiado importante, Kioto era demasiado bella,
sobre Yokohama el aroma de los cerezos hacía llorar de lástima
a las tripulaciones de los superbombarderos.
El Hombre Gordo soñó entonces con las tiernas niñas de Kokura;
no fue culpa de los cerezos que hubiera demasiadas nubes sobre Kokura.
Al Hombre Gordo le habían prometido muchas niñas y las niñas de Nagasaki
no tenían nubes ni cerezos velando por ellas, sobre sus cabezas.

Cuando te moriste llovía, como aquella mañana en Nagasaki.

La muerte sobrevoló a otras niñas, niñas que eran invulnerables
porque sus cabezas eran demasiado importantes, demasiado bellas,
o porque sobre ellas flotaba el lastimero aliento de los cerezos.

¿Aliviaría en algo la lluvia aquellas quemaduras que de repente
desollaban la tierna carne de las niñas de Nagasaki?
El Hombre Gordo se chupaba los dedos bajo la lluvia.

Nosotros nos quedamos de pie junto a tu cama mientras llovía afuera
y las niñas de Kokura decían trabalenguas, sin sospechar
qué cerca había estado aquel hombre, cuánto futuro le debían a las nubes.

Retrato

Y nos sigue mirando serio
el niño, ese retrato.
Y se quiere venir con nosotros
cuando nos alejamos.

CARLOS SAHAGÚN

ANTES, cuando retrataban a una niña, era porque se iba a morir.
O que ya estaba muerta y tenía que quedar una foto
para que nadie se olvidara de su cara, de su vestido.

Yo le he hecho un poema, miren, esta era su cara,
llevaba, no otro, este vestido; tampoco tenía otro vestido.

Cuando los demás me muestran las fotos de sus hijas
yo saco de la cartera un poema con una niña muerta
y digo: «acababan de hacerle la trenza» o
«aquí no se ve, pero el vestido es azul».

Y afirmo que ese día era el sol demasiado
cerraba los ojos cuando le daba la luz.

Gretl Trakl escribe una carta, George Trakl lee una carta

> Tu boca roja selló en tu amigo la demencia.
>
> GEORGE TRAKL

GRETL TRAKL BUSCA un lugar tranquilo donde escribir su carta.
El oficial médico Trakl busca un lugar tranquilo donde leer su carta.

Entre esos dos versos, aunque no se vean, hay:

Una joven que corre a poner una carta.
Un carruaje y un tren que llevan una carta.
El otoño, un río, la guerra, otro río y otra vez la guerra.
Un joven que corre a recibir su carta,
sus manos aún ensangrentadas, un suspiro,
(aunque cada vez sea más difícil incorporar un suspiro
a la poesía), un beso sobre el papel, pero un beso
de los que no debieran darse a una hermana.
La carta manchada de sangre guardada en un bolsillo.

La carta que es sacada del bolsillo, en la noche,
y vuelve a ser leída, y vuelve a ser besada con uno de esos besos
que no deben darse dos veces a una hermana.

Gretl Trakl busca un lugar tranquilo donde pensar en su hermano
de la forma en que no se debe pensar en los hermanos.

El oficial médico Trakl busca un lugar tranquilo donde soñar con su hermana
de la forma en que no se debe soñar con las hermanas.

Entre estos versos, aunque no se vean,
hay dos bocas manchadas de sangre.

Mi padre camina hablando
solo por el pasillo

Como un barco en desgracia, el hombre quiere
seguir viviendo, y mientras en sus manos
quede un temblor de rosas, lo echaría
todo al olvido, porque nada tiene
sentido en soledad.

CARLOS SAHAGÚN

MI PADRE CAMINA por el pasillo hablando solo.
El pasillo es un parque en el estío, una alameda
cuyos árboles solo él ve; una de sus manos
cuelga a su costado agarrando una mano
que solo él toca. Con la otra mano saluda a los paseantes:
«cuánto tiempo señora, qué buen día señor».

Nosotros le decimos que aquí no hay árboles,
que no es verano aún, que nadie camina prendido de su mano
y que ningún extraño ha caminado hoy por el pasillo.

Mi padre no deja por ello de hablar solo.
El sol aprieta fuerte hoy en el pasillo, la ventana abierta
mueve un poco las hojas de los árboles
y él aprieta fuerte la mano que prende de su mano.

Ya no tratamos de convencerle de que allí no hay parque,
ni es verano, de que nadie se para a hablar con él,
de que esa mano que prende de su mano
es la misma que nos dijo adiós en la camilla,
camino del quirófano que está al final de la alameda.

Mi padre camina por el pasillo y sí que a veces
parece que un rayo de sol cierra sus ojos,
que se oye un rumor de hojas y de voces
que no puede venir sino de un sueño o una alameda
y que una mano pequeña le tira de la mano.

Papá se sienta en el banco que no hay en el pasillo
y la niña que no está asusta a las palomas.

Cómo es que no la ven ustedes, cómo es
que no ven los árboles y el cielo. Cómo no les
cierra los ojos el espléndido sol de este verano.

Instrucciones para enseñar
a nadar a una niña

Yo era obediente, igual que el perro de un ciego,
aun cuando mis pulmones ardieran
como un pájaro en llamas de cloro.

MARTA GIMÉNEZ

PARA ENSEÑARTE a nadar, uno ha de ser un gran nadador;
hay que nadar como Tarzán en un río lleno de cocodrilos: a cámara rápida,
saber nadar, por si acaso, en blanco y negro. O como Francisco de Quevedo
nadar en llamas por el agua fría.

Nadar con los bolsillos llenos de piedras.

Nadar, porque no tenemos monedas para darte.

29

Cortejo fúnebre

Dicen que ha muerto un niño y por las calles
pasa su entierro luminoso.

CARLOS SAHAGÚN

LA CAJA BLANCA pasa por delante de los otros nichos.

Es como si a los que duermen, a los otros muertos,
les abrieran de golpe las persianas.

¿Dónde está Ifigenia?

¡Ifigenia florida en los senderos!
Erguida como un cirio en la mirada
con que danzan su muerte los guerreros.

GASTÓN BAQUERO

¿ADÓNDE SE FUE Ifigenia después de lo de Áulide?
Unos dicen que a la isla de Leuce a desposarse con Aquiles,
Gastón Baquero que a Táuride para esconderse en un poema
de Gastón Baquero y hay quien dice que a la muerte,
que no hubo corza, ni oso, en la humareda del sacrificio.

¿Dónde está Ifigenia? Nunca la llamamos Ifi,
porque eso nos hacía pensar en media corza o en medio oso,
en un poema inconcluso, en la mitad de la flota aquea.

Es como en un libro lleno de dibujitos con mucha gente;
gente, por ejemplo, en la playa, y hay que hallar a Ifigenia,
su cara de espanto y de sorpresa ante la traición del padre,
su túnica blanca de propiciatoria virgen bajo el cuchillo del augur.

¿Dónde está Ifigenia? Esta no es, se le parece, pero no;
este no es el mar, es el río Ouse, aunque ella se llama Virginia.

¿Esperan acaso ustedes que sea un poema el que responda?
El poema también está buscándola, a Ifigenia. El poeta,
como un niño, arrastra el dedo por la arena de la playa,
por las cubiertas de las naves: esta no es ella, esta tampoco,
este es Aquiles disfrazado de doncella. Nos asustamos,
pero la ahogada flotando boca abajo era otra vez Virginia.

¿Dónde está la princesa Ifigenia? ¿Por qué
se dice justo ahora que es una princesa?

¿Es más exhaustiva la búsqueda cuando se busca a una princesa?
¿Hubiera puesto alguien en su lugar, en la piedra del sacrificio,
a una corza, o a un oso, si ella no hubiera sido una princesa, es más,
hubiera pedido Artemisa el sacrificio de la hija de un aguador
                                        [o de un calafate?

Sea como fuere las naves partieron hacia Troya:
un poema tan largo para nada.

Agamenón fue asesinado en la bañera por la madre de Ifigenia mientras disponía sobre la espuma sus barquitos de juguete.

Entre el vapor del agua caliente pareciera que cruza un ciervo sagrado. En el espejo alguien dejó escrito: a dónde vayas, saludos a Ifigenia.

Niña sola junto al mar

(...) Allá en mi patria, cuando había
un niño solo junto al mar, viniste.

CARLOS SAHAGÚN

SIEMPRE ES PELIGROSO acercarse al mar en un poema,
porque en un poema puede que el mar no sea el mar
y cuando el poeta deja a una niña junto al mar
quizás la está dejando a la orilla de la muerte.

Pero también puede ser que cuando el poeta dice «el mar»
sea de veras el mar, sin segundas, aunque haya una niña
jugando ensimismada a su orilla. También pudiera ser
que el poeta no sea el poeta, que sea la muerte la que escribe
y que diga «mar» para decir «yo», y deje una niña en la orilla,
porque no le gusta quedarse a solas con un poeta.

Tu ropa tendida

(…) Allá en mi patria, cuando había
un niño solo junto al mar, viniste.

CARLOS SAHAGÚN

LA ROPA recién lavada de las niñas muertas
se tiende afuera, de noche,
a que la seque la luna.

Niña mirando las estrellas

Da la estrella en el agua y la conmueve.

CARLOS SAHAGÚN

¿QUIÉN MIRANDO las estrellas, no ha dicho alguna vez
aquello sobre la luz y la muerte?

¿Qué estrella no se muere arrojando luz al vacío?

¿Cuántas niñas hacen falta para que no sea en vano
el sacrificio de una estrella?

¿Y el poema, cuando habla de una niña muerta,
no la convierte en estrella?

Ana en Belsen

En Belsen hay que compartir habitación,
y hay que compartir la ducha,
y hay que compartir el miedo,
y hay que compartir el aire
hasta que llega la hora de compartir la muerte;
entonces hay que compartir la ceniza
y luego hay que compartir el aire
donde flota esa ceniza y hay que compartir
los tejados y las ventanas sobre los que se posa
esa ceniza compartida.

Si en Belsen nada le pertenecía a solas a una niña,
¿por qué tuvimos que hacerla compartir, también,
su diario?

Una ventana abierta
en un día de viento

alguien, el viento, nos dejó sin libros

CARLOS SAHAGÚN

SI SE DEJA un libro abierto cerca de una ventana abierta
un día de viento, este se encargará de pasar las hojas.
Lo hará volviendo atrás a cada instante, pasando
de dos en dos las páginas, deteniéndose sin motivo,

porque el viento no necesita motivos.
El viento se moja sus dedos invisibles en la lluvia.
Lee como lo haría una niña muerta y displicente.

Alice Liddell fallece en Westerham el 16 de noviembre de 1934 recordando un paseo en barca por el río, en su infancia

A boat Beneath a Sunny Sky

LEWIS CARROLL

UNA BARCA bajo un soleado cielo:
Alice comienza el poema una vez más;
es fácil recordarlo; cada verso comienza
con una de sus iniciales.

Cómo era...
¿Una anciana flota en su cama bajo un soleado cielo?
¿O quizás: una barca navega por el cielo sobre un mar radiante?

Con el señor Dodgson nunca se sabe qué está arriba
y qué abajo. Quizás el verso decía:

un cielo bajo una soleada niña o
un sol sobre una flotante anciana.
Nunca se sabe con este hombre,
que es un poeta pero también es un barquero.

Alice quiere empezar el poema una última vez,
pero no logra recordar el primer verso, aunque recuerda
que empezaba por A, de Alice, y que había una barca,
como ahora. Lo de arriba no sabe si era el sol o un espejo.

Diosa

Sin creer en Dios no puedo
decir tu nombre. Sé
que tal vez tú no tienes
nombre, que tal vez yo
no he creído en Dios nunca.

CARLOS SAHAGÚN

¿Y SI DIOS, exista o no, es una niña,
una niña que se muere y regresa otra vez como una niña,
y juzga a los vivos y a los muertos como lo haría una niña
a la que le han apretado demasiado las coletas?

Perro esperando a una niña
junto a la puerta

EL PERRO no se ha movido de la puerta. Le parece
que fue en otra vida que la niña jugaba con él,
que era otro perro. El perro no sabe o no concibe la idea
de que la niña ha desaparecido para siempre.
Tampoco concibe el concepto siempre; para el perro
solo existen el ahora, el hambre y la niña.
Podría decirse que para el perro ella desaparece del mundo
cada día del mismo modo que aparecía en el mundo cada día.

Para él todos los días son el día en que tienes que volver.
Nosotros desearíamos saber quererte como el perro.

Piedritas contra la ventana

no ha de subir a tu ventana la alegría

CARLOS SAHAGÚN

YO ERA EL QUE, en las noches de verano,
arrojaba piedritas contra el cristal de tu ventana.
Las noches tenían que ser de verano para que tú
oyeras el golpecito contra el cristal; no era posible
convocarte así en las noches de otoño: el viento
no te hubiera dejado oír las piedras,
ni en las noches de invierno: el crujido de la escarcha
no te hubiera dejado oír las piedras,
ni en las noches de primavera: los insectos
no te hubieran dejado oír las piedras.

Ahora también soy yo el que arroja piedritas sobre la caja blanca,
pero tampoco hoy acudes a la llamada.

La muerte es la ausencia del verano: demasiado viento, demasiada escarcha, demasiados insectos.

El último poema de E. A. Poe

I was a child and She was a child

E. A. POE

NO SOTROS SABÍAMOS que era su último poema;
dejamos que lo concluyera porque era un poema de amor,
porque tenía que concluir a la niña del poema.
Algunos sostienen que ella era en realidad su esposa;
nosotros escuchamos la palabra realidad y sonreímos,
además, allí no decía Virginia, y menos Virginia Eliza Clemm;
allí decía Annabel, Annabel Lee. Sin realidad puede haber poema,
pero sin poema no hay realidad.

No fuimos a buscar a nadie a Baltimore, sino a un reino junto al mar,
a por una niña fuimos, a por esa. Nosotros, los ángeles.
Nosotros, los demonios.

Los cumpleaños

(...) Entonces no era
posible que la primavera
tuviera intención de morir.

CARLOS SAHAGÚN

Tú CUMPLÍAS una primavera, yo cuarenta inviernos.
Así se medía el tiempo y la vida era una metáfora amable;
flores contra nieve; como debe ser, a veces, en la poesía.

Dos primaveras, cuarenta y un inviernos.
Tres primaveras, cuarenta y dos inviernos.
Cuatro primaveras, cuarenta y tres inviernos.
Cinco primaveras, cuarenta y cuatro inviernos.

Cinco primaveras, mil inviernos.

Mamá de niña, riendo

Las niñas reirán cuando nos vayamos.

NATÁN YONATÁN

MI MADRE REÍA para este poema, porque mi madre
no tenía motivos para reír a no ser que adivinara
que iba a salir un día en un poema, riendo,
que yo iba a necesitar que riera para un poema del futuro.
Entonces mi madre, para que le saliera la risa,
pensó en cosas de comer, en cosas de colores
que no tenía y en que su padre no se había ido de verdad.
Pensó en todas estas cosas y aun así fue difícil sonreír del todo,
por eso este poema es mentira y es hueco por dentro,
aunque por fuera se vea una niña riendo.

Muerta de ciudad pequeña

Oh fatal población, la de la infancia.

CARLOS SAHAGÚN

Esta ciudad nos alcanza para que el paso de tu caja blanca aún haga persignarse a los extraños.

Esta ciudad no nos llega para que, cuando lean tu nombre, todos digan: la de María, la más pequeña.

La Mercromina ya no es
aconsejable para las heridas

soy un sometido a la mugre de tus rodillas

FRANCISCO URONDO

CUANDO LE PONÍAN Mercromina en las rodillas y apretaba los dientes,
yo descubrí que una niña era un asunto serio,
que debía de existir algo que acogiera ese enorme escalofrío,
un lugar donde yo pudiera verla así, con las rodillas desolladas
y los dientes apretados toda la vida. La Mercromina era un asunto serio.

Cuando ella escribía en su cuaderno el nombre de otro
adentro de un corazón rojo yo me acordaba de la Mercromina,
descubrí que las cosas rojas pueden cerrar una herida, pero también
pueden abrir una herida. Pensé: habrá algún lugar del lenguaje
donde quepa este desconsuelo. Un corazón era un asunto serio.

Y cuando ya no quería jugar a romperse las rodillas
y yo no entendía por qué no le echaban Mercromina, por qué

aquello sangraba pero no se llamaba herida, ya estuve seguro:
debe de existir un Mar de los Sargazos de las palabras,
un vertedero de las palabras. El tiempo es un asunto serio.

La Mercromina ya no es aconsejable para las heridas,
para las rodillas de las niñas. La Mercromina ya no es
un asunto serio. ¿Y yo? Yo sé al fin donde
se deben decir las cosas que no se pueden decir de otra forma;
¿están ustedes pensando en la poesía?, ¿creen
que ahí cabe una niña a la que le arden las rodillas?
¿Por qué ha de durar un poema más que la Mercromina?
¿Qué les hace pensar que es un asunto serio la poesía?

Todas las niñas muertas

Desnuda estás y blanca.
CARLOS SAHAGÚN

ACABAS DE LLEGAR a la muerte
y ya las otras niñas se ríen de ti.

Mamá te planchó demasiado la desnudez,
te frotó mucho rato, te disimuló las pecas.

Y no es conveniente
llamar tanto la atención
el primer día.

Elvira y el cometa

¡Bajad a la pobre niña,
bajadla con mano trémula!

JOSÉ ASUNCIÓN SILVA

SI ES VERDAD que enfermó por salir en la noche a mirar un cometa, ese es un detalle que debe sopesar la poesía.

Pero puede que no hubiera cometa, o que hubiera cometa pero no una ventana, o que hubiera cometa y ventana, pero no niña en la ventana mirando un cometa.

La poesía debe sopesar todas las posibilidades, todas las noches. No debe tener en cuenta al hermano poeta de la niña.

Aunque no sea verdad, la poesía debe inventar un cometa, despertar a la niña, abrir la ventana.

Castillo de arena

con mis castillos en la arena, era
yo quien te recibía y te ponía
nombre de ave!

CARLOS SAHAGÚN

EL CASTILLO de arena será el castillo.
La mosca sobre la almena será
el águila sobre la almena.
La brisa será la tempestad.
Papá será el caballero negro.
Este palito será nuestro pendón: mosca
con ínfulas de águila sobre campo de oro.
Como el poema lo hago yo, seré el paladín.
Mamá será el hada pronunciando un inútil hechizo.
La poesía será el hechizo.
El mar será el ejército enemigo.

Solo tú serás tú: la muerta que ulula en los pasillos, la aparecida
que aterroriza a los espumosos guerreros del mar.

Barrio en las afueras

aquí cabrían todas las palabras que no escribí en siete
años; las palabras que se fueron de la mano de la niña
muerta a fundar un imperio inmóvil adentro y abajo.

CRISTINA RIVERA GARZA

LLEVO SIETE AÑOS mirando tu programa en la televisión;
siete porque el siete siempre salía en los cuentos; soy
como siete enanos juntos echando de menos la nieve.
Llevo siete años mirando al monstruo peludo y azul
que te enseñó a contar hasta siete.

El monstruo te enseñó también la diferencia
entre móvil e inmóvil,
entre lejos y cerca,
entre dentro y fuera,
entre arriba y abajo.

Ahora, gracias al monstruo, ya sabes
que estás inmóvil, y lejos, y dentro,
y abajo.

La H es muda como una niña tímida y muerta

> (...) nadie
> sabe mi nombre. Este es el fin. Aquí
> se termina la historia.
>
> CARLOS SAHAGÚN

SU NOMBRE es difícil de deletrear para una niña.

Yo le dije a ella que no olvide decir la h de su nombre
cuando se lo cruce a usted ahí, en la muerte, pero
ella no se cree que su nombre sea como una boca
abierta a la que le cortaron la lengua.

Una niña bien educada, le digo, ha de saber
decir una h muda cuando saluda a un poeta muerto.

Leonor en la frontera

Mi niña quedó tranquila,
dolido mi corazón

Antonio Machado

Hay que tirar una línea imaginaria hacia arriba,
muy arriba, arriba porque hemos convenido
que las niñas, todas, terminan arriba.
Ella lo sigue desde arriba.

¿En qué nube empieza Francia?
¿Cuál es solo el cielo y cuál el cielo del exilio?

El río de la poesía

(…) Si me dices que eche al río
mis versos, yo los echaré

CARLOS SAHAGÚN

Yo FINJO LAVAR la ropa aquí, en el río.
Cuando pasa un poema flotando, lo pesco.
Cuando pasa el cadáver de un poeta boca abajo
lo arrimo a la orilla y le registro los bolsillos:
si lleva un poema grande lo devuelvo al río;
los poemas grandes regresan al río para morir.
Si el poema es pequeño también lo devuelvo al río;
los poemas pequeños deben ganarse su propia muerte.

Yo siempre regreso a casa con la ropa sin lavar
y con dolor de espalda. Con una flor roja para ti.

En Sumidero, municipio de Minas
de Matahambre, Cuba 1959:
niña con muñeca de madera,
de Alberto Korda

LA NIÑA SOLO MIRA al fotógrafo; sabe que si mira a su muñeca
esta se convertirá en un sucio y desamparado trozo de palo.

El fotógrafo solo mira a la niña; sabe que si deja
de mirar a la niña, a sus irrenunciables ojos negros,
el mundo se convertirá en una resbaladiza bola de turba.

La madre de la niña mira los pies descalzos de su hija.
El padre de la niña mira los pies descalzos de su hija:
quizás si miran juntos, y fuerte, sus respectivas lástimas
se convertirán en un bonito par de zapatos.

La muñeca mira a la niña; sabe que sin la niña
solo es un sucio y desamparado trozo de palo.

Las niñas mayores y tú

… como un
niño mayor que se ha perdido.

CARLOS SAHAGÚN

LAS NIÑAS MAYORES te daban la mano,
te alzaban con torpeza a sus regazos y te reñían
con ternura, como madres de juguete.

Cuando las niñas mayores se perdían,
era siguiendo el rastro de ojos tuyos en el polvo
como encontraban el camino a casa.

Tu póster de Leif Garrett

LEIF GARRET NO ENVEJECIÓ en la pared de tu habitación.

En las habitaciones de las otras niñas Leif Garrett sí envejeció;
las otras niñas quitaron el póster de Leif, sustituyeron su rostro
por otro y lo clavaron con las chinchetas que fueron de Leif;
plegaron su rostro y lo echaron a un cajón; ovillaron
su rostro de ángel escandinavo y lo arrojaron a la papelera.
Ahí se hacen viejos los ángeles: en las paredes de las niñas.

Afuera, en Los Ángeles, California, también envejece Leif Garrett,
pero no es de ese Leif del que estamos hablando. Él no volverá,
aunque se apoye en la pared a encender un cigarro
porque echa de menos el tiempo en que reinaba,
como un pálido ángel dorado, en las paredes de las niñas.

Solo en la pared de tu habitación Leif Garrett es eterno,
como un Dorian Gray al revés: Dorian Garrett, Leif Gray.
Tú serías Basil Hallward: también a veces dibujabas
su angélico rostro en un papel que luego se manchaba, y se arrugaba
y entonces Leif, en Los Ángeles, California, conducía borracho,
o apuntaba a alguien con una pistola.

Pero Leif Garrett no envejeció en la pared de tu habitación.
No hubo otro primer amor, otra cabellera sobre tu cama.
Ningún otro ángel clavado en tu pared.

La cruzada de las niñas

Todos los niños volverán conmigo.

CARLOS SAHAGÚN

DEJARON ATRÁS sus muñecas; muñecas de trapo,
las menos; casi todas dejaron atrás toscas muñecas
de madera cuyos ojos eran dos piedritas pintadas,
muñecas cuyos codos pinchaban a la hora del Ángelus
y que se llamaban como hubieran querido llamarse ellas.

Tu muñeca se llamaba Alicia, o Nevermore; un ojo
era un botón y el otro una moneda de cobre:
uno miraba un laberinto en Creta y el otro una laguna.

Dicen que te han visto en la costa de Marsella,
esperando a que se abra el mar para poder cruzar,
tal como prometió Esteban de Cloyes a mamá y al rey de Francia.

En tu ausencia sentamos a la mesa a tu muñeca,
se parecen a los tuyos sus ojos soñadores, sus brazos de palo,
el puchero que parece formar su boca pintada.
Sabemos que un día volverás porque lo dice un verso de Carlos Sahagún.
Hasta que llegue ese día bajaremos al mar cada noche a la hora de la cena:
hemos hecho unas toscas muñecas de pobre a las que llamamos
como nos hubiera gustado llamarnos. Las dejamos sentadas a la mesa,
haciendo compañía a tu muñeca. Apenas tocan los platos.

Perra ladradora

Es MENTIRA que un año humano valga por siete años de perro;
un año es un año; una perra de tres años es una niña;
si hubiera sido así te hubiéramos convertido en perra,
y hubieras vivido cuarenta y nueve años.

El Programa Espacial Soviético lanzó a Laika al espacio
porque, según sus cálculos, tenía veintiún años y ya
no era una niña. Ya tenía edad de vagar sola por el espacio.
Si tú hubieras sido una perra hubieras tenido edad
para vagar sola por el vacío en el Sputnik 2.
Si Laika hubiera sido una niña, los rusos
hubieran pintado el Sputnik de colores y lo hubieran
llevado a hombros por todo el cosmódromo de Baikonur
en el más soviético silencio, para que ella creyera
que de veras estaba flotando sola en el espacio.

Tú eres nuestra cosmonauta, nuestra perra mestiza,
y te hemos lanzado al vacío a bordo de tu nave blanca;
cuando cerramos la tapa ya no ladrabas.

Elegimos luego a alguien con buena caligrafía
para que escribiera Sputnik 3 en cirílico,
sobre la rutilante proa de tu cajón espacial.

Tu cuarto

salí al jardín. Alrededor no había
nadie: la misma flor de ayer, la misma
paz, las mismas ventanas, el sol mismo.

CARLOS SAHAGÚN

NADIE HA ENTRADO a tu cuarto desde entonces. Bueno;
mamá se limita a limpiar el polvo, a abrir la ventana.

Solo mamá ha entrado a tu cuarto desde entonces,
mamá y el sol, y el polvo y el ruido de la calle,
pero nadie más ha entrado a tu cuarto desde entonces.

Nadie ha salido de tu cuarto desde entonces,
salvo mamá cuando termina de quitar el polvo,
y el sol cuando anochece y el ruido
cuando la ciudad se queda en silencio.

Salvo tú,
que sales de tu cuarto desde entonces a buscar una flor

y vuelves a entrar con las manos vacías, porque
se te olvida que este no es un poema de Carlos Sahagún,
que nosotros no tenemos jardín.

La casa de la bruja

A LA CASA de la bruja no se puede llegar
sin la traición de los pájaros, sin el hambre de los pájaros.

A la casa de la bruja no se debe entrar
sin las tripas vacías, sin el deslumbramiento en los ojos.

Tú entraste en la casa de la bruja y yo me quedé afuera,
pegando la oreja a su negra puerta por oírte masticar;
habíamos acordado que el primero que probase
el sabor de la sombra, su calma crepitación,
masticaría muy fuerte para que, estuviera donde estuviera,
lo oyera el otro, lo acompañara el otro.

Yo estoy frente a la casa de la bruja esperando mi turno,
con la boca abierta como un tonto, mascando saliva y aire
al ritmo de tu masticación, con la música de tus dientes.

Y sí, todo es una trampa: dentro de la casa la bruja
engorda a las niñas para comérselas después,
la bruja es la que manda a los pájaros a comerse los caminos.

¿La muerte? No, la muerte no.
La poesía es la bruja.

Arrimar el ascua a su pez volador

aquellos peces voladores vistos
una tarde de estío, cuando eras
niño ante el mar total de tu desgracia.

CARLOS SAHAGÚN

N<small>O DEBE DE HABER</small> demasiados peces voladores en la poesía
y, de haberlos, es fácil que el poeta caiga en la tentación
de decir: «peces voladores, ángeles del mar», o cosas peores
como: «querubines con escamas y ojos saltones». Los poetas
tienden a convertir en ángel a cualquier criatura alada.

Los poetas, como todo el mundo, tienden a convertir en ángeles
a todas las niñas muertas, por lo que cualquier niña muerta
podría ser también un pez volador.

Entonces, lo que Carlos Sahagún vio aquella tarde de estío,
fueran ángeles con forma de pez o peces con forma de ángel,

eran en realidad niñas muertas, un enjambre de niñas muertas
voladoras frente al mar de su desgracia, la de Carlos Sahagún.

Como el poeta no puede negarlo, ahora yo
arrimo sus peces voladores al débil ascua de este poema;
ahora yo digo que sus peces voladores eran ángeles
y como soy hijo de mi pueblo (un hijo raro, pero un hijo),
sostengo que tú te has convertido en un pez volador
y que te has ido a vivir, a volar, a un poema de Carlos Sahagún.

Esta primera edición en
LOS VERSOS DE CORDELIA de
COMO SI HUBIERA MUERTO UNA NIÑA
se acabó de imprimir
en la primavera de 2026

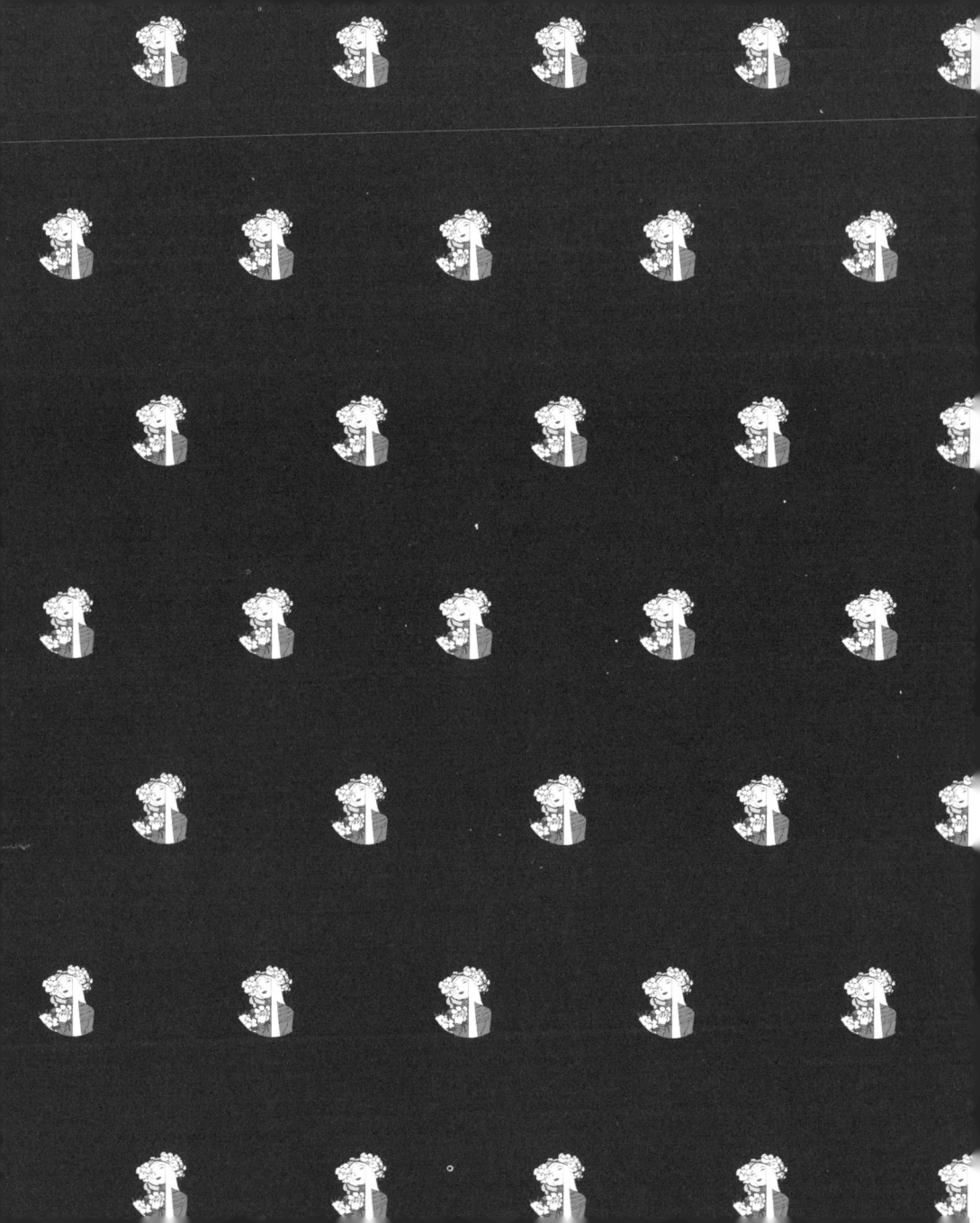